W0198739

RONDO

Arbeitsheft 1

Musiklehrgang
für die Grundschule

Inhalt **Seite**

Autor
Wolfgang Junge

Illustrationen
Elisabeth Lottermoser
Assen Münning

Mildenberger

Rhythmusinstrumente – Klänge – Zeichen

zu Seite 16

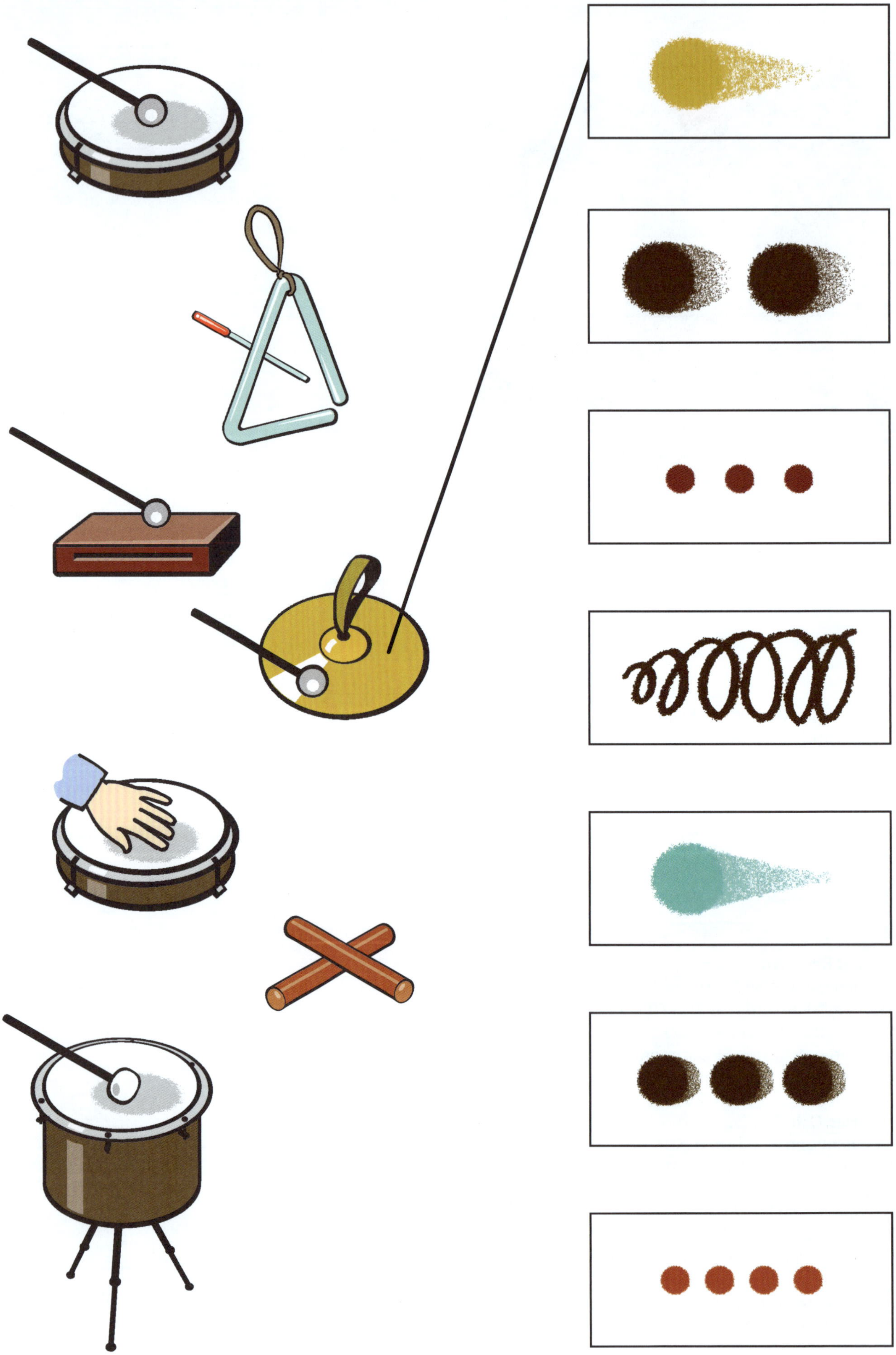

Jedes Instrument mit dem passenden Klangzeichen verbinden (mehrere Lösungen möglich)

1.

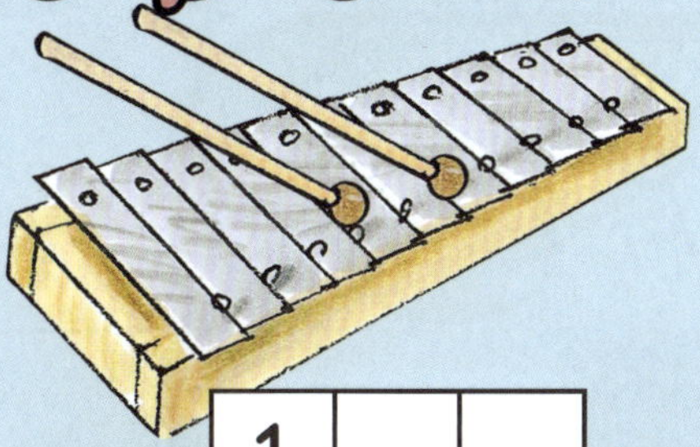

1

2

3

2.

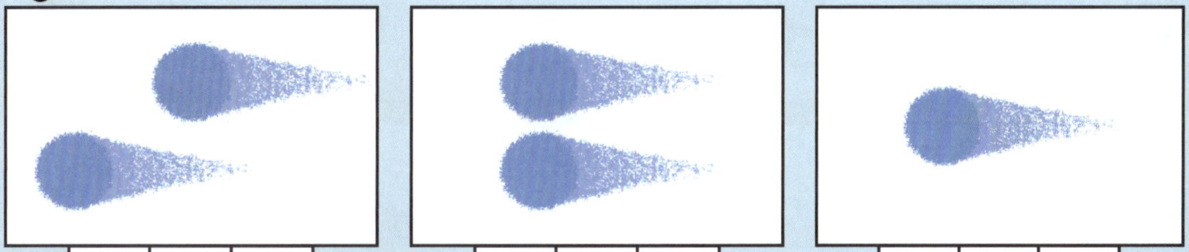

3.

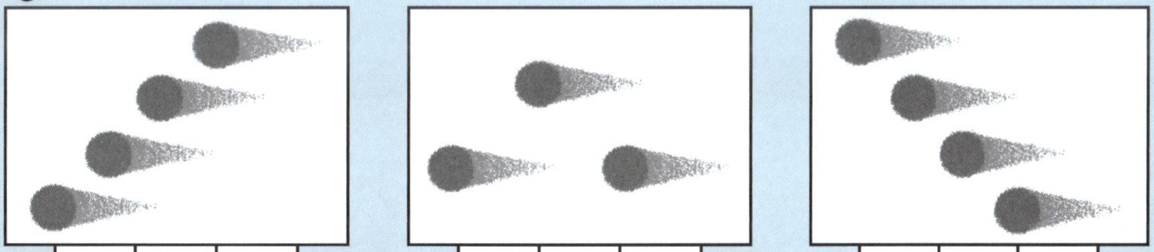

4.

1. Die Instrumente dreimal in beliebiger Reihenfolge spielen lassen und entsprechend nummerieren
2. Die Metallofon-Klangzeichen dreimal in beliebiger Reihenfolge spielen lassen und entsprechend nummerieren
3. Die Glockenspiel-Klangzeichen dreimal in beliebiger Reihenfolge spielen lassen und entsprechend nummerieren
4. Die Xylofon-Klangzeichen dreimal in beliebiger Reihenfolge spielen lassen und entsprechend nummerieren

Welches Instrument fehlt?

zu Seite 16, 17

1.

2.

1. Das im Koffer fehlende Instrument in der Reihe darunter suchen und einkreisen
2. Das im Korb fehlende Instrument in der Reihe darunter suchen und einkreisen

Die richtige Singhaltung

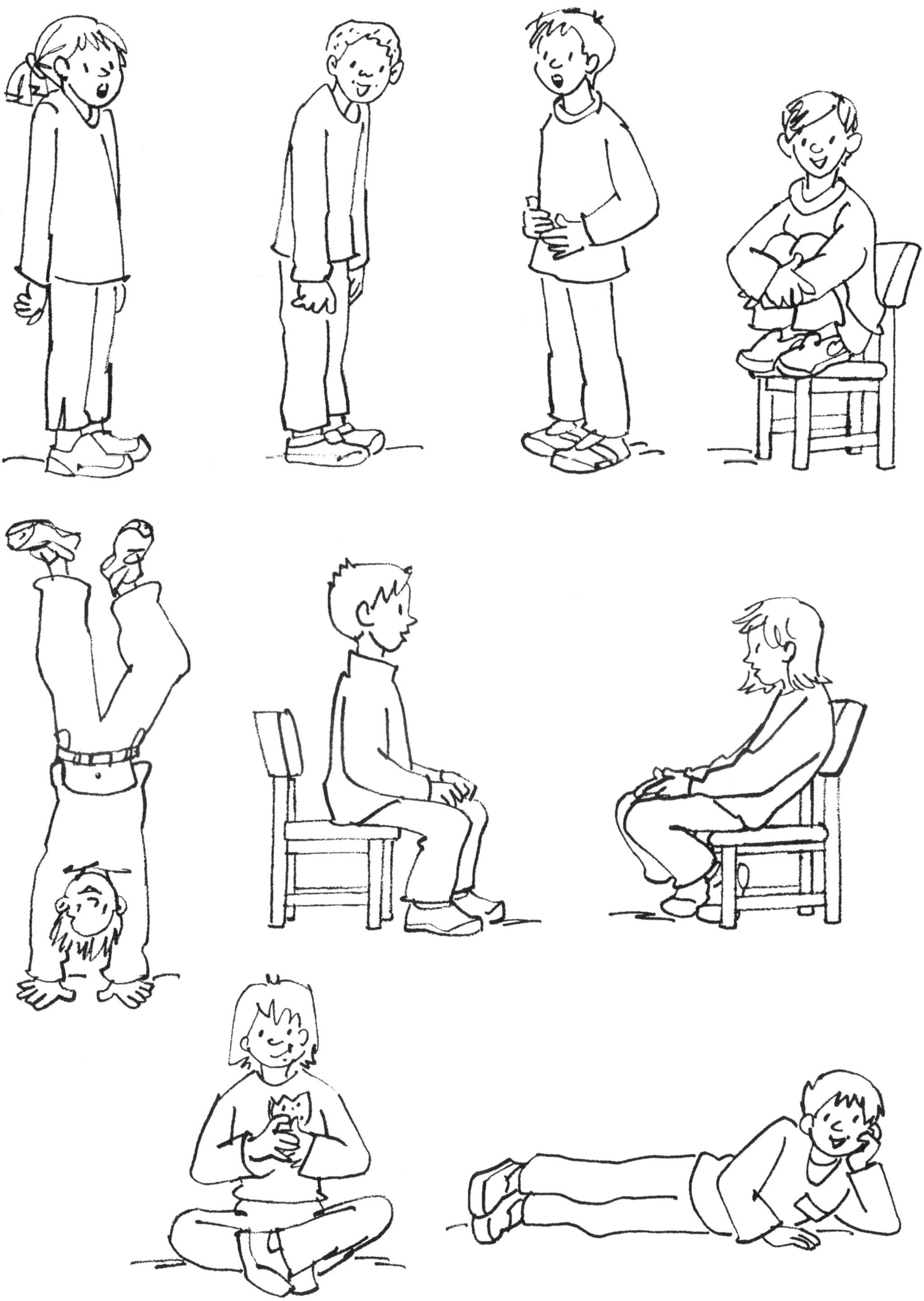

Die Bilder ausmalen, in denen die richtige Singhaltung dargestellt wird

Die Instrumentennamen in Form von Rhythmusbausteinen auf Seite 31 ausschneiden und unter die passenden Instrumente kleben

zu Seite 42

Das Lied singen und den Melodieverlauf mit der Hand anzeigen; die Liedteile A, B und C der jeweils passenden Blätternotation zuordnen

1.

2.

1. A 54 hören und zur dreiteiligen Musik die passende Bilderreihe ankreuzen
2. Partnerarbeit: A 63 hören und sich zu jeder Strophe ein Strophenbild ausdenken; die Bilder in drei verschiedenen Kombinationen in die leeren Felder malen; der Partner kreuzt die richtige Bilderreihe an

Guten Morgen, guten Morgen …

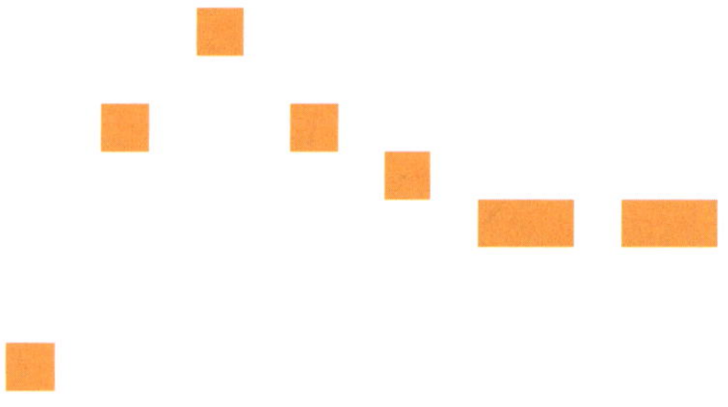

Nebel, Nebel, weißer Hauch …

Nachts ist alles dunkel …

Wir werden immer größer …

Die vier Lieder singen; die Liedanfänge den grafischen Notationen zuordnen

zu Seite 48

Das Lied singen und den Melodieverlauf mit der Hand anzeigen; eine Laternen-Notation entspricht dem Anfang von Teil A, eine andere dem Anfang von Teil B; diese beiden mit „A“ und „B“ kennzeichnen

Die Instrumente erproben; die hell klingenden Instrumente orange ankreuzen, die dunkel klingenden violett ankreuzen

Die grafischen Notationen und das jeweils passende Geschenk mit einer Linie verbinden;
Geschenke: Apfelsinen, Nüsse, Puppenkleid, Fußball, Zimtsterne, Teddybär, Blockflöte

A 72 hören; die drei Bilder auf Seite 31 ausschneiden und dem Ablauf der Musik entsprechend einkleben; die eingepackten Geschenke ausmalen

Der Jahreskreis

zu Seite 63

Zu den Monatsnamen die entsprechenden Monatszahlen eintragen; einen Monat auswählen und dazu in den Kreis ein Bild malen

Das Glockenspiel erproben; für die vier hohen, die vier mittleren und die vier tiefen Seifenblasen je eine Farbe wählen und damit die Seifenblasen und die entsprechenden Glockenspiel-Stäbe ausmalen

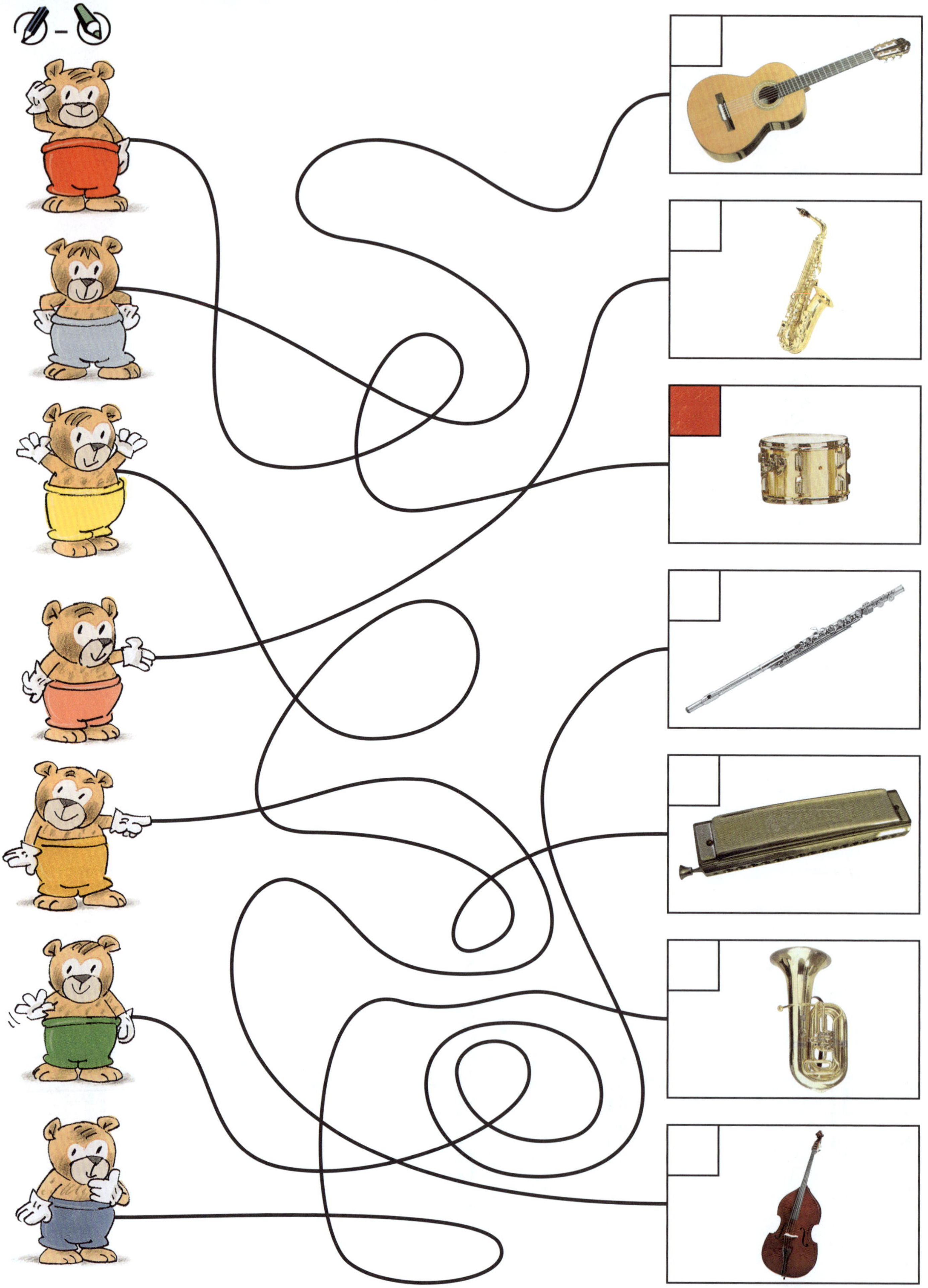

Durch Nachfahren der Linien die Bären zu ihren Instrumenten führen; die Instrumente mit der passenden Bärenfarbe markieren

Das Bärenorchester – Instrumente erkennen

zu Seite 77

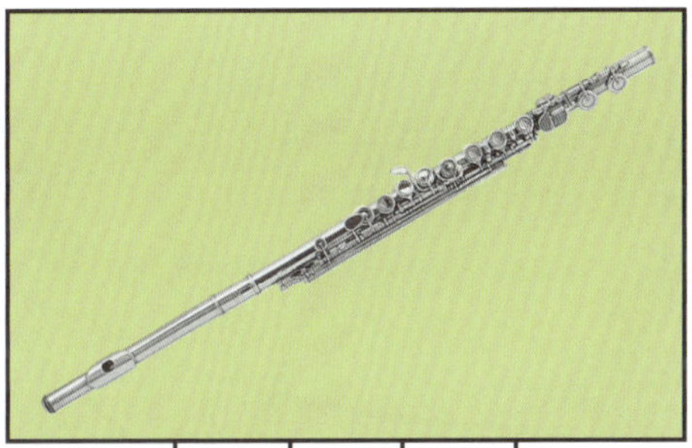

Die Instrumente dreimal in beliebiger Reihenfolge hören (⊙ B 33 bis 39) und entsprechend nummerieren

1.

2.

1. Kuckucksrufe mit Instrumenten spielen; die grafische Notation des richtig singenden Kuckucks farbig ausmalen
2. Diejenigen Instrumente ausmalen, mit denen der Kuckucksruf gespielt werden kann

zu Seite 23, 48, 84, 93

Durch die Straßen auf und nieder …

Bruder Jakob, Bruder Jakob …

Kuckuck, Kuckuck …

Maskenball, Maskenball …

Die vier Lieder singen; die Liedanfänge den grafischen Notationen zuordnen

Has, Has, Osterhas

zu Seite 94

Die Bilder entsprechend den Strophen nummerieren; Partnerarbeit: In einem der Bilder ein Osterei verstecken und es vom Partner suchen lassen

Den richtigen Weg hören

zu Seite 102, 103

C 21 bis 28 dreimal in beliebiger Reihenfolge hören und die Hörquellen mit einer jeweils anderen Farbe verbinden

Die Bilder entsprechend der Liedstrophen nummerieren

zu Seite 95, 118

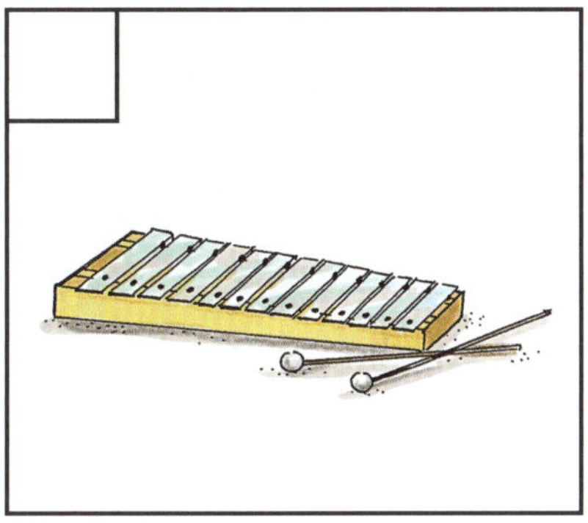

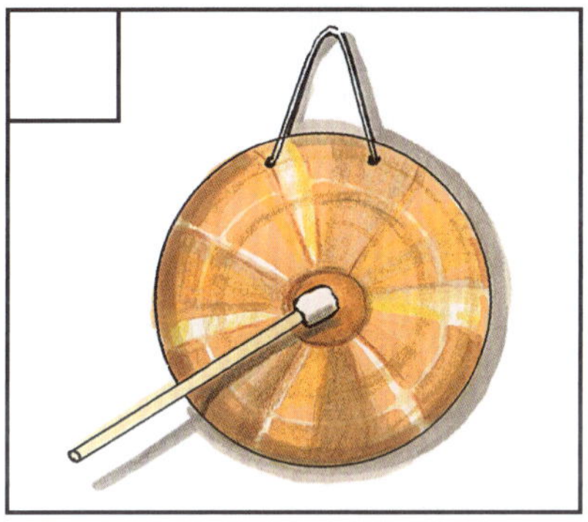

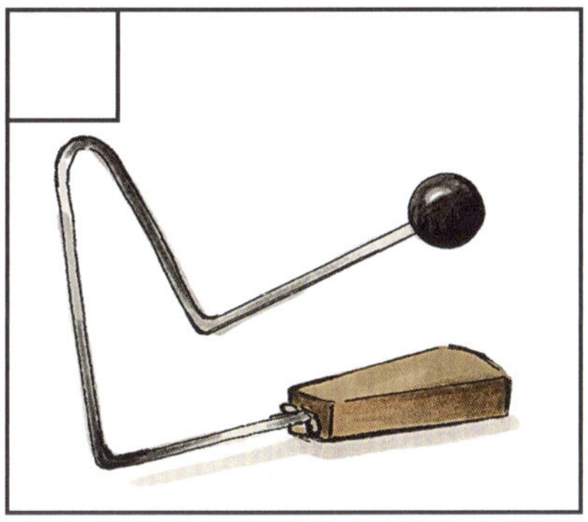

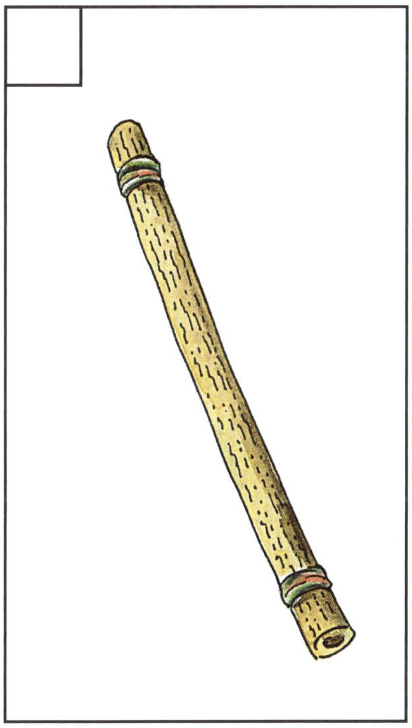

Die Instrumente erproben und diejenigen ankreuzen, die für die Gestaltung einer Regenmusik geeignet sind

Mit unterschiedlichen Farben verschiedene Flugrouten einer Biene einzeichnen; in Zweiergruppen diese Flugrouten stimmlich umsetzen (s, w, n, sch …)

D 11 bis 17 hören; die Bilder zuordnen und entsprechend nummerieren

Schulinstrumente hören und erkennen

zu Seite 156, 157

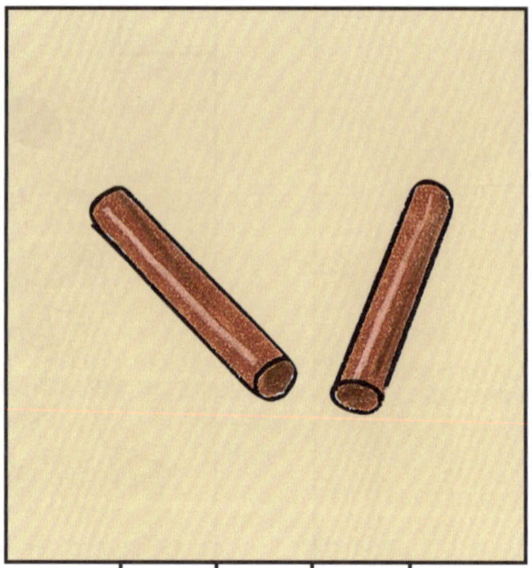

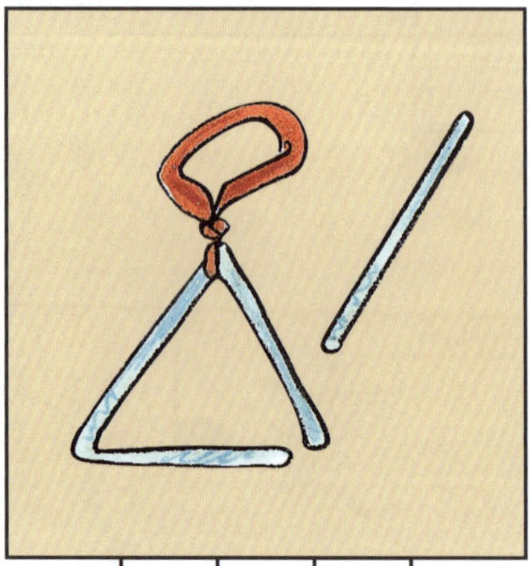

Die Instrumente dreimal in beliebiger Reihenfolge spielen lassen und entsprechend nummerieren

Die Bilder auf Seite 31 ausschneiden, das Puzzle richtig zusammensetzen und aufkleben

Instrumente hören und erkennen

zu Seite 158, 159

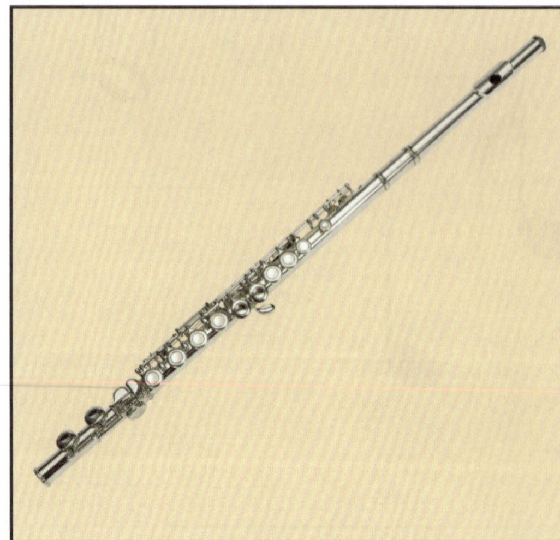

Die Instrumente dreimal in beliebiger Reihenfolge hören (D 37 bis 41) und entsprechend nummerieren

1.

2. –

3. –

1. Die Punkte von leise zu laut mit Rangzahlen versehen
2. Die Punkte von leise zu laut aufzeichnen und mit einem Instrument spielen
3. Eigene Laut-Leise-Notationen aufschreiben und spielen

Die Instrumente erproben und diejenigen ankreuzen, die zur Erzeugung von Hallklängen geeignet sind

zu Seite 6

zu Seite 13

zu Seite 27